Impressum
Verlag: BABADADA GmbH, Nedderfeld 112 , 22529 Hamburg
Geschäftsführer / Verlagsleitung: Harald Hof
Druck: Books on Demand GmbH, In de Tarpen 42, 22848 Norderstedt

Imprint
Publisher: BABADADA GmbH, Nedderfeld 112 , 22529 Hamburg, Germany
Managing Director / Publishing direction: Harald Hof
Print: Books on Demand GmbH, In de Tarpen 42, 22848 Norderstedt

klases telpa
classroom

dalīt
divide

186/2

tāfele
board

skolas pagalms
school yard

skolotājs
teacher

papīrs
paper

rakstīt
write

pildspalva
pen

rakstāmgalds
desk

lineāls
ruler

grāmata
book

skolēns
pupil

skolas soma
satchel

penālis
pencil case

zīmulis
pencil

zīmuļu asināmais
pencil sharpener

dzēšgumija
rubber

zīmēšanas bloks
drawing pad

zīmējums

drawing

ota

paintbrush

krāsas

paint box

šķēres

scissors

līme

glue

darba burtnīca

exercise book

mājas darbs

homework

skaitlis

number

saskaitīt

add

atņemt

subtract

reizināt

multiply

rēķināt

calculate

burts

letter

alfabēts

alphabet

vārds

word

skola - school

teksts

text

lasīt

read

krīts

chalk

mācību stunda

lesson

žurnāls

register

eksāmens

examination

liecība

certificate

skolas forma

school uniform

izglītība

education

enciklopēdija

encyclopedia

universitāte

university

mikroskops

microscope

karte

map

papīrgrozs

waste-paper basket

viesnīca
hotel

hostelis
hostel

valūtas maiņas punkts
currency exchange office

čemodāns
suitcase

automašīna
car

Valoda

language

jā / nē

yes / no

Okay

Okay

Sveiki!

hello

tulks

translator

paldies

Thank you

Cik maksā...?

how much is...?

Es nesaprotu

I don´t get it

problēma

problem

Labvakar!

Good evening!

Labrīt!

Good morning!

Ar labu nakti!

Good night!

Uz redzēšanos

goodbye

virziens

direction

bagāža

luggage

soma

bag

mugursoma

backpack

viesis

guest

istaba

room

guļammaiss

sleeping bag

telts

tent

ceļojums - travel

tūrisma informācija

tourist information

pludmale

beach

kredītkarte

credit card

brokastis

breakfast

pusdienas

lunch

vakariņas

dinner

biļete

Ticket

lifts

elevator

pastmarka

stamp

robeža

border

muita

customs

vēstniecība

embassy

vīza

visa

pase

passport

lidmašīna
airplane

kuģis
ship

ugunsdzēsēju mašīna
fire truck

autobuss
bus

kravas automašīna
truck

motorlaiva
motorboat

velosipēds
bike

automašīna
car

prāmis
....
ferry

laiva
....
boat

motocikls
....
motorbike

policijas automašīna
....
police car

sacīkšu automobilis
....
racing car

nomas auto
....
rental car

auto koplietošana

car sharing

evakuators

tow truck

atkritumu mašīna

garbage truck

dzinējs

engine

benzīns

fuel

degvielas uzpildes stacija

fuel station

ceļa zīme

traffic sign

satiksme

traffic

sastrēgums

traffic jam

stāvvieta

parking lot

dzelzceļa stacija

train station

sliedes

tracks

vilciens

train

tramvajs

tram

vagons

wagon

helikopters

helicopter

lidosta

airport

tornis

tower

pasažieris

passenger

konteiners

container

kaste

carton

ratiņi

cart

grozs

basket

pacelties / nosēsties

take off / land

pilsēta
city

ciems

village

pilsētas centrs

city center

māja

house

kinoteātris
movie theater

reklāma
advert

laterna
street light

iela
street

taksometrs
taxi

CINEMA

gājējs
pedestrian

kiosks
snack shop

trotuārs
sidewalk

gājēju pāreja
zebra crossing

atkritumu tvertne
dumpster

krustojums
crossing

luksofors
traffic lights

būda
hut

dzīvoklis
apartment

dzelzceļa stacija
train station

rātsnams
city hall

muzejs
museum

skola
school

universitāte

university

banka

bank

slimnīca

hospital

viesnīca

hotel

aptieka

pharmacy

birojs

office

grāmatnīca

book shop

veikals

shop

ziedu veikals

flower shop

lielveikals

supermarket

tirgus

market

tirdzniecības centrs

department store

zivju tirgotājs

fishmonger's shop

tirdzniecības centrs

mall

osta

harbor

parks

park

sols

bench

tilts

bridge

kāpnes

stairs

metro

subway

tunelis

tunnel

autobusa pieturvieta

bus stop

bārs

bar

restorāns

restaurant

pastkastīte

postbox

ielas nosaukuma plāksne

street sign

stāvlaika skaitītājs

parking meter

zooloģiskais dārzs

zoo

peldbaseins

swimming pool

mošeja

mosque

zemnieku saimniecība
farm

vides piesārņojums
pollution

kapsēta
cemetery

baznīca
church

spēļu laukums
playground

templis
temple

ainava
landscape

lapa
leaf

ceļrādis
signpost

ceļš
path

pļava
meadow

akmens
stone

ceļotājs
hiker

koks
tree

upe
river

zāle
grass

puķe
flower

ieleja
valley

kalns
hill

ezers
lake

mežs
forest

tuksnesis
desert

vulkāns
volcano

pils
castle

varavīksne
rainbow

sēne
mushroom

palma
palm tree

moskīts
mosquito

muša
fly

skudra
ant

bite
bee

zirneklis
spider

vabole

beetle

varde

frog

vāvere

squirrel

ezis

hedgehog

zaķis

hare

pūce

owl

putns

bird

gulbis

swan

meža cūka

boar

briedis

deer

alnis

moose

aizsprosts

dam

vēja ģenerators

wind turbine

saules baterija

solar panel

klimats

climate

ainava - landscape

viesmīlis
waiter

ēdienkarte
menu

krēsls
chair

zupa
soup

pica
pizza

galdauts
tablecloth

galda piederumi
cutlery

uzkoda
starter

pamatēdiens
main course

deserts
dessert

dzērieni
drinks

ēdiens
food

pudele
bottle

ātrās uzkodas

fast food

ielu uzkodas

street food

tējkanna

teapot

cukurtrauks

sugar bowl

porcija

portion

espresso kafijas automāts

espresso machine

bāra krēsls

high chair

rēķins

bill

paplāte

tray

nazis

knife

dakša

fork

karote

spoon

tējkarote

teaspoon

salvete

serviette

glāze

glass

šķīvis

plate

zupas šķīvis

soup plate

apakštase

saucer

mērce

sauce

sāls trauciņš

salt shaker

piparu dzirnaviņas

pepper mill

etiķis

vinegar

eļļa

oil

garšvielas

spices

kečups

ketchup

sinepes

mustard

majonēze

mayonnaise

piedāvājums
special offer

klients
customer

piena produkti
dairy products

augļi
fruit

iepirkumu ratiņi
shopping cart

kautuve

butcher's shop

maizes veikals

bakery

svērt

weigh

dārzeņi

vegetables

gaļa

meat

saldēti produkti

frozen food

aukstās gaļas uzkodas

cold cuts

konservi

canned food

pulveris

detergent

saldumi

candy

mājsaimniecības preces

household products

tīrīšanas līdzeklis

cleaning products

pārdevēja

sales representative

kase

cash register

kasieris

cashier

iepirkumu saraksts

shopping list

darba laiks

opening hours

maks

wallet

kredītkarte

credit card

soma

bag

maisiņš

plastic bag

dzērieni
drinks

ūdens

water

sula

juice

piens

milk

kola

coke

vīns

wine

alus

beer

alkohols

alcohol

kakao

cocoa

tēja

tea

kafija

coffee

espresso

espresso

kapučīno

cappuccino

banāns

banana

ābols

apple

apelsīns

orange

melone

melon

citrons

lemon

burkāns

carrot

ķiploks

garlic

bambuss

bamboo

sīpols

onion

sēne

mushroom

rieksti

nuts

makaroni

noodles

spageti

spaghetti

rīsi

rice

salāti

salad

frī kartupeļi

fries

cepti kartupeļi

fried potatoes

pica

pizza

hamburgers

hamburger

sviestmaize

sandwich

šnicele

escalope

šķiņķis

ham

salami

salami

desa

sausage

vista

chicken

cepetis

roast

zivs

fish

auzu pārslas

porridge oats

muslis

muesli

brokastu pārslas

cornflakes

milti

flour

radziņš

croissant

brokastu maizītes

bread roll

maize

bread

tostermaize

toast

cepumi

cookies

sviests

butter

biezpiens

curd

kūka

cake

ola

egg

cepta ola

fried egg

siers

cheese

saldējums

ice cream

cukurs

sugar

medus

honey

marmelāde

jelly

riekstu krēms

nougat cream

karijs

curry

zemnieka māja
farm house

salmu rullis
straw bale

šķūnis
barn

lauks
field

zirgs
horse

piekabe
trailer

kumeļš
foal

traktors
tractor

ēzelis
donkey

aita
sheep

jērs
lamb

kaza
goat

govs
cow

teļš
calf

cūka
pig

sivēns
piglet

bullis
bull

zoss

goose

pīle

duck

cālis

chick

vista

hen

gailis

cockerel

žurka

rat

kaķis

cat

pele

mouse

vērsis

ox

suns

dog

suņa būda

dog house

dārza šļūtene

garden hose

lejkanna

watering can

izkapts

scythe

arkls

plow

sirpis

sickle

kaplis

hoe

mēslu dakša

pitchfork

cirvis

axe

ķerra

pushcart

sile

trough

piena kanna

milk can

maiss

sack

žogs

fence

kūts

stable

siltumnīca

greenhouse

augsne

soil

sēklas

seed

mēslojums

fertilizer

kombains

combine harvester

novākt ražu

harvest

raža

harvest

jamss

yams

kvieši

wheat

soja

soya

kartupelis

potato

kukurūza

corn

rapsis

rapeseed

augļu koks

fruit tree

manioka

manioc

labība

grain

skurstenis
chimney

jumts
roof

lietus noteka
downspout

logs
window

garāža
garage

durvju zvans
doorbell

durvis
door

atkritumu spainis
trash can

pastkastīte
mailbox

dārzs
garden

viesistaba

living room

vannas istaba

bathroom

virtuve

kitchen

guļamistaba

bedroom

bērnu istaba

kids room

ēdamistaba

dining room

grīda

floor

siena

wall

griešti

ceiling

pagrabs

cellar

sauna

sauna

balkons

balcony

terase

terrace

baseins

pool

zāles pļāvējs

lawn mower

gultas veļa

sheet

sega

bedspread

gulta

bed

slota

broom

spainis

bucket

slēdzis

switch

tapetes
wallpaper

attēls
picture

lampa
lamp

plaukts
shelf

skapis
cabinet

kamīns
fireplace

televizors
television

puķe
flower

spilvens
cushion

dīvāns
sofa

vāze
vase

tālvadības pults
remote control

paklājs
....
carpet

aizkars
....
drape

galds
....
tahle

krēsls
....
chair

šūpuļkrēsls
....
rocking chair

atpūtas krēsls
....
armchair

grāmata

book

sega

blanket

dekorācija

decoration

malka

firewood

filma

film

mūzikas centrs

stereo system

atslēga

key

avīze

newspaper

glezna

painting

plakāts

poster

radio

radio

pierakstu blociņš

notebook

putekļu sūcējs

vacuum cleaner

kaktuss

cactus

svece

candle

ledusskapis
fridge

mikroviļņu krāsns
microwave oven

virtuves svari
kitchen scales

tosteris
toaster

tīrīšanas līdzeklis
laundry detergent

cepeškrāsns
stove

saldēšanas kamera
freezer

atkritumu spainis
trash can

trauku mazgājamā mašīna
dishwasher

plīts
cooker

pods
pot

katls
cast-iron pot

Wok panna
wok / kadai

panna
pan

elektriskā tējkanna
kettle

tvaika katls

steamer

cepešpanna

baking tray

trauki

crockery

krūze

mug

bļoda

bowl

irbulīši

chopsticks

kauss

ladle

lāpstiņa

spatula

putošanas slotiņa

whisk

sietiņš

strainer

siets

sieve

rīve

grater

piesta

mortar

grilēt

barbecue

atklāts pavards

fireplace

dēlis

chopping board

mīklas rullis

rolling pin

korķu viļķis

corkscrew

bundža

can

konservu nazis

can opener

virtuves cimdi

oven cloth

izlietne

sink

birste

brush

sūklis

sponge

mikseris

blender

saldētava

deep freezer

bērna pudelīte

baby bottle

ūdenskrāns

tap

apkure
heating

duša
shower

dvielis
towel

dušas aizkari
shower curtain

vannas putas
bubble bath

vanna
bathtub

glāze
glass

veļas mašīna
washing machine

ūdenskrāns
tap

flīzes
tiles

podiņš
potty

izlietne
sink

tualetes pods

toilet

Āzijas tipa tualete

squat toilet

bidē

bidet

pisuārs

urinal

tualetes papīs

toilet paper

tualetes birste

toilet brush

zobu birste

toothbrush

zobu pasta

toothpaste

zobu diegs

dental floss

mazgāt

wash

rokas duša

hand shower

duša

douche

bļoda

basin

muguras mazgāšanas birste

back brush

ziepes

soap

dušas želeja

shower gel

šampūns

shampoo

mazgāšanas drāna

flannel

noteka

drain

krēms

creme

dezodorants

deodorant

spogulis

mirror

spogulītis

hand mirror

skuveklis

razor

skūšanās putas

shaving foam

losjons pēc skūšanās

aftershave

ķemme

comb

matu suka

brush

matu fēns

hair-dryer

matu laka

hairspray

grima komplekts

makeup

lūpu krāsa

lipstick

nagulaka

nail varnish

vate

cotton wool

šķērītes

nail scissors

smaržas

perfume

kosmētikas maks

washbag

ķeblītis

stool

svari

weighing scales

halāts

bathrobe

tīrīšanas cimdi

rubber gloves

tampons

tampon

pakete

sanitary towel

ķīmiskā tualete

chemical toilet

modinātājs
alarm clock

mīkstā rotaļlieta
cuddly toy

spēļu automašīna
toy car

grabulis
rattle

leļļu māja
doll's house

dāvana
present

balons

balloon

gulta

bed

bērnu ratiņi

stroller

kārtis

deck of cards

puzle

jigsaw

komikss

comic

LEGO klucīši

lego bricks

klucīši

toy blocks

varoņu figūra

action figure

rāpulītis

romper suit

lidojošais šķīvītis

frisbee

muzikālais karuselis

mobile

galda spēle

board game

metamais kauliņš

dice

rotaļu dzelzceļš

model train set

māneklis

pacifier

ballīte

party

bilžu grāmata

picture book

bumba

ball

lelle

doll

spēlēt

play

smilšu kaste

sandpit

šūpoles

swing

rotaļlietas

toys

spēļu konsole

video game console

trīsritenis

tricycle

plīša lācītis

teddy bear

drēbju skapis

wardrobe

apģērbs
clothing

īszeķes

socks

zeķes

stockings

zeķbikses

tights

šalle
scarf

lietussargs
umbrella

T-krekls
t-shirt

siksna
belt

zābaks
boots

čības
slippers

botas
sneakers

sandales	kurpes	gumijas zābaki
sandals	shoes	rubber boots

apakšbikses	krūšturis	apakškrekls
underwear	bra	undershirt

apģērbs - clothing

bodijs

body

bikses

pants

džinsi

jeans

svārki

skirt

blūze

blouse

krekls

shirt

pulovers

pullover

džemperis

sweater

žakete

blazer

jaka

jacket

mētelis

coat

lietus mētelis

raincoat

kostīms

costume

kleita

dress

kāzu kleita

wedding dress

apģērbs - clothing

uzvalks
suit

naktskrekls
nightgown

pidžama
pajamas

sari
sāri

lakats
headscarf

turbāns
turban

burka
burka

kaftāns
kaftan

abaja
abaya

peldkostīms
swimsuit

peldbikses
trunks

šorti
shorts

treniņtērps
tracksuit

priekšauts
apron

cimdi
gloves

poga

button

brilles

glasses

rokassprādze

bracelet

kaklarota

necklace

gredzens

ring

auskars

earring

cepure

cap

drēbju pakaramais

coat hanger

platmale

hat

kaklasaite

tie

rāvējslēdzējs

zip

ķivere

helmet

bikšturi

braces

skolas forma

school uniform

uniforma

uniform

priekšautiņš
bib

māneklis
pacifier

autiņbiksītes
diaper

serveris
server

dokumentu skapis
filing cabinet

printeris
printer

papīrs
paper

monitors
monitor

rakstāmgalds
desk

pele
mouse

dokumentu vāki
folder

klaviatūra
keyboard

papīrgrozs
waste-paper basket

krēsls
chair

dators
computer

kafijas krūze
coffee mug

kalkulators
calculator

internets
internet

portatīvais dators

laptop

vēstule

letter

ziņa

message

mobilais tālrunis

cell phone

tīkls

network

kopētājs

photocopier

programmatūra

software

telefons

telephone

rozete

plug socket

faksa aparāts

fax machine

formulārs

form

dokuments

document

pirkt

buy

samaksāt

pay

tirgot

trade

nauda

money

 USD

dolārs

dollar

 EUR

eiro

euro

 JPY

jēna

yen

 RUB

rublis

rouble

 CHF

franks

Swiss franc

 CNY

juaņa renminbi

renminbi yuan

 INR

rūpija

rupee

bankomāts

cash point

valūtas maiņas punkts

currency exchange office

zelts

gold

sudrabs

silver

nafta

oil

enerģija

energy

cena

price

līgums

contract

nodoklis

tax

akcija

stock

strādāt

work

darbinieks

employee

darba devējs

employer

fabrika

factory

veikals

shop

policists
police officer

ugunsdzēsējs
fireman

pavārs
cook

ārsts
doctor

pilots
pilot

dārznieks

gardener

galdnieks

carpenter

šuvēja

seamstress

tiesnesis

judge

ķīmiķis

chemist

aktieris

actor

autobusa vadītājs

bus driver

taksometra vadītājs

taxi driver

zvejnieks

fisherman

apkopēja

cleaning lady

jumiķis

roofer

viesmīlis

waiter

mednieks

hunter

gleznotājs

painter

maiznieks

baker

elektriķis

electrician

celtnieks

builder

inženieris

engineer

miesnieks

butcher

skārdnieks

plumber

pastnieks

postman

karavīrs

soldier

arhitekts

architect

kasieris

cashier

florists

florist

frizieris

hairdresser

konduktors

conductor

mehāniķis

mechanic

kapteinis

captain

zobārsts

dentist

zinātnieks

scientist

rabīns

rabbi

imāms

imam

mūks

monk

mācītājs

pastor

 āmurs
hammer

knaibles
pliers

skrūvgriezis
screwdriver

uzgriežņu atslēga
wrench

kabatas lukturītis
torch

ekskavators
excavator

instrumentu kaste
toolbox

kāpnes
ladder

zāģis
saw

naglas
nails

urbis
drill

remontēt

repair

lāpsta

shovel

Velns!

Damn!

liekšķere

dustpan

krāsas bundža

paint can

skrūves

screws

mūzikas instrumenti
musical instruments

skaļrunis
loud speaker

bungas
drum set

kontrabass
double bass

trompete
trumpet

ģitāra
guitar

klavieres

piano

vijole

violin

bass

bass

timpāni

timpani

bungas

drums

digitālās klavieres

keyboard

saksofons

saxophone

flauta

flute

mikrofons

microphone

tīģeris
tiger

leeja
entrance

būris
cage

zebra
zebra

dzīvnieku barība
animal feed

panda
panda

dzīvnieki
animals

zilonis
elephant

ķengurs
kangaroo

degunradzis
rhino

gorilla
gorilla

lācis
bear

kamielis

camel

strauss

ostrich

lauva

lion

pērtiķis

monkey

flamings

flamingo

papagailis

parrot

polārlācis

polar bear

pingvīns

penguin

haizivs

shark

pāvs

peacock

čūska

snake

krokodils

crocodile

zoodārza sargs

zookeeper

ronis

seal

jaguārs

jaguar

ponijs

pony

leopards

leopard

nīlzirgs

hippo

žirafe

giraffe

ērglis

eagle

meža cūka

boar

zivs

fish

bruņurupucis

turtle

valzirgs

walrus

lapsa

fox

gazele

gazelle

amerikāņu futbols
American football

riteņbraukšana
cycling

teniss
tennis

basketbols
basketball

peldēšana
swimming

bokss
boxing

hokejs
ice hockey

futbols
soccer

badmintons
badminton

vieglatlētika
athletics

rokas bumba
handball

slēpošana
skiing

polo
polo

lēkt
jump

smieties
laugh

apskaut
hug

iet
walk

dziedāt
sing

sapņot
dream

lūgt
pray

skūpstīt
kiss

rakstīt
write

zīmēt
draw

rādīt
show

spiest
push

dot
give

ņemt
take

darbības - activities

63

bŭt

have

darīt

do

bŭt

be

stāvēt

stand

skriet

run

vilkt

pull

mest

throw

krist

fall

gulēt

lie

gaidīt

wait

nest

carry

sēdēt

sit

uzģērbt

get dressed

gulēt

sleep

pamosties

wake up

skatīties	**raudāt**	**glāstīt**
look at	cry	stroke
ķemmēt	**runāt**	**saprast**
comb	talk	understand
jautāt	**dzirdēt**	**dzert**
ask	listen	drink
ēst	**sakārtot**	**mīlēt**
eat	tidy up	love
vārīt	**braukt**	**lidot**
cook	drive	fly

burot

sail

rēķināt

calculate

lasīt

read

mācīties

learn

strādāt

work

precēties

marry

šūt

sew

tīrīt zobus

brush teeth

nogalināt

kill

smēķēt

smoke

sūtīt

send

vecāmāte
grandmother

vectēvs
grandfather

tēvs
father

māte
mother

mazulis
baby

meita
daughter

dēls
son

viesis

guest

tante

aunt

onkulis

uncle

brālis

brother

māsa

sister

piere
forehead

acs
eye

plecs
shoulder

pirksts
finger

seja
face

zods
chin

roka
hand

krūtis
breast

kāja
leg

roka
arm

mazulis

baby

vīrietis

man

sieviete

woman

meitene

girl

zēns

boy

galva

head

mugura

back

vēders

belly

naba

navel

kājas pirksts

toe

papēdis

heel

kauls

bone

gurns

hip

celis

knee

elkonis

elbow

deguns

nose

dibens

buttocks

āda

skin

vaigs

cheek

auss

ear

lūpa

lip

ķermenis - body

mute

mouth

zobs

tooth

mēle

tongue

smadzenes

brain

sirds

heart

muskulis

muscle

plaušas

lung

aknas

liver

kuņģis

stomach

nieres

kidneys

dzimumakts

sex

kondoms

condom

olšūna

ovum

sperma

semen

grūtniecība

pregnancy

ķermenis - body

menstruācijas

menstruation

vagīna

vagīna

penis

penis

uzacs

eyebrow

mati

hair

kakls

neck

slimnīca
hospital

ātrā palīdzība
ambulance

ratiņkrēsls
wheelchair

lūzums
fracture

ārsts
doctor

neatliekamās palīdzības
nodaļa
emergency room

medmāsa
nurse

ārkārtas gadījums
emergency

paģībis
unconscious

sāpes
pain

ievainojums

injury

asiņošana

bleeding

sirdslēkme

heart attack

insults

stroke

alerģija

allergy

klepus

cough

temperatūra

fever

gripa

flu

caureja

diarrhea

galvassāpes

headache

vēzis

cancer

diabēts

diabetes

ķirurgs

surgeon

skalpelis

scalpel

operācija

operation

datortomogrāfija

CT

rentgents

x-ray

ultraskaņa

ultrasound

sejas maska

face mask

slimība

disease

uzgaidāmā telpa

waiting room

kruķis

crutch

plāksteris

plaster

apsējs

bandage

injekcija

injection

stetoskops

stethoscope

nestuves

stretcher

termometrs

clinical thermometer

dzemdības

birth

liekais svars

overweight

dzirdes aparāts

hearing aid

dezinfekcijas līdzeklis

disinfectant

infekcija

infection

vīruss

virus

HIV / AIDS

HIV / AIDS

zāles

medicine

pote

vaccination

tabletes

tablets

pretapaugļošanās tablete

pill

ārkārtas izsaukums

emergency call

asinsspiediena mērītājs

blood pressure monitor

slims / vesels

ill / healthy

Palīgā!

Help!

trauksme

alarm

uzbrukums

assault

uzbrukums

attack

bīstamība

danger

avārijas izeja

emergency exit

Uguns!

Fire!

ugunsdzēšamais aparāts

fire extinguisher

negadījums

accident

pirmās palīdzības aptieciņa

first-aid kit

SOS

SOS

policija

police

Eiropa

Europe

Ziemeļamerika

North America

Dienvidamerika

South America

Āfrika

Africa

Āzija

Asia

Austrālija

Australia

Atlantijas okeāns

Atlantic

Klusais okeāns

Pacific

Indijas okeāns

Indian Ocean

Dienvidu okeāns

Antarctic Ocean

Ziemeļu ledus okeāns

Arctic Ocean

Ziemeļpols

North pole

Dienvidpols

South pole

Antarktika

Antarctica

zeme

earth

zeme

land

jūra

sea

sala

island

nācija

nation

valsts

state

ciparnīca

clock face

stundu rādītājs

hour hand

minūšu rādītājs

minute hand

sekunžu rādītājs

second hand

Cik ir pulkstenis?

What time is it?

diena

day

laiks

time

tagad

now

digitālais pulkstenis

digital watch

minūte

minute

stunda

hour

nedēļa
week

pirmdiena / Monday
trešdiena / Wednesday
piektdiena / Friday
otrdiena / Tuesday
ceturtdiena / Thursday
sestdiena / Saturday
svētdiena / Sunday

vakardien

yesterday

šodien

today

rītdien

tomorrow

rīts

morning

pusdienlaiks

noon

vakars

evening

MO	TU	WE	TH	FR	SA	SU
1	2	3	4	5	6	7
8	9	10	11	12	13	14
15	16	17	18	19	20	21
22	23	24	25	26	27	28
29	30	31	1	2	3	4

darbadienas

workdays

MO	TU	WE	TH	FR	SA	SU
1	2	3	4	5	6	7
8	9	10	11	12	13	14
15	16	17	18	19	20	21
22	23	24	25	26	27	28
29	30	31	1	2	3	4

brīvdienas

weekend

lietus
rain

varavīksne
rainbow

sniegs
snow

vējš
wind

pavasaris
spring

rudens
fall

vasara
summer

ziema
winter

laika prognoze

weather forecast

termometrs

thermometer

saules gaisma

sunshine

mākonis

cloud

migla

fog

gaisa mitrums

humidity

zibens

lightning

pērkons

thunder

vētra

storm

krusa

hail

musons

monsoon

plūdi

flood

ledus

ice

janvāris

January

februāris

February

marts

March

aprīlis

April

maijs

May

jūnijs

June

jūlijs

July

augusts

August

septembris

September

oktobris

October

novembris

November

decembris

December

aplis

circle

kvadrāts

square

četrstūris

rectangle

trīsstūris

triangle

lode

sphere

kubs

cube

balts
white

dzeltens
yellow

oranžs
orange

sārts
pink

sarkans
red

lillā
purple

zils
blue

zaļš
green

brūns
brown

pelēks
gray

melns
black

daudz / maz
a lot / a little

saniknots / miermīlīgs
angry / calm

skaists / neglīts
beautiful / ugly

sākums / beigas
beginning / end

liels / mazs
big / small

gaišs / tumšs
bright / dark

brālis / māsa
brother / sister

tīrs / netīrs
clean / dirty

pilnīgs / nepilnīgs
complete / incomplete

diena / nakts
day / night

miris / dzīvs
dead / alive

plats / šaurs
wide / narrow

baudāms / nebaudāms

edible / inedible

nikns / laipns

evil / kind

satraukts / garlaikots

excited / bored

resns / tievs

fat / thin

pirmais /pēdējais

first / last

draugs / ienaidnieks

friend / enemy

pilns / tukšs

full / empty

ciets / mīksts

hard / soft

smags / viegls

heavy / light

izsalkums / slāpes

hunger / thirst

slims / vesels

ill / healthy

nelegāls / legāls

illegal / legal

inteliģents / dumjš

intelligent / stupid

kreisais / labais

left / right

tuvu / tālu

near / far

jauns / lietots

new / used

nekas / kaut kas

nothing / something

vecs / jauns

old / young

ieslēgts / izslēgts

on / off

atvērts / slēgts

open / closed

kluss / skaļš

quiet / loud

bagāts / nabags

rich / poor

pareizi / nepareizi

right / wrong

raupjš / gluds

rough / smooth

noskumis / laimīgs

sad / happy

īss / garš

short / long

lēns / ātrs

slow / fast

slapjš / sauss

wet / dry

silts / vēss

warm / cool

karš / miers

war / peace

pretstati - opposites

numbers

0

nulle

zero

1

viens

one

2

divi

two

3

trīs

three

4

četri

four

5

pieci

five

6

seši

six

7

septiņi

seven

8

astoņi

eight

9

deviņi

nine

10

desmit

ten

11

vienpadsmit

eleven

12
divpadsmit
twelve

13
trīspadsmit
thirteen

14
četrpadsmit
fourteen

15
piecpadsmit
fifteen

16
sešpadsmit
sixteen

17
septiņpadsmit
seventeen

18
astoņpadsmit
eighteen

19
deviņpadsmit
nineteen

20
divdesmit
twenty

100
simts
hundred

1.000
tūkstotis
thousand

1.000.000
miljons
million

skaitļi - numbers

angļu
....
English

amerikāņu angļu
....
American English

ķīniešu mandarīnu valoda

Chinese Mandarin

hindi
....
Hindi

spāņu
....
Spanish

franču
....
French

arābu
....
Arabic

krievu
....
Russian

portugāļu
....
Portuguese

bengāļu
....
Bengali

vācu
....
German

japāņu
....
Japanese

es

I

tu

you

viņš / viņa

he / she / it

mēs

we

jūs

you

viņi / viņas

they

kas?

who?

ko?

what?

kā?

how?

kur?

where?

kad?

when?

vārds

name

aiz

behind

iekšā

in

priekšā

in front of

virs

over

uz

on

zem

under

blakus

beside

starp

between

vieta

place